Desiertos

Grace Hansen

abdopublishing.com

Published by Abdo Kids, a division of ABDO, PO Box 398166, Minneapolis, Minnesota 55439.

Copyright © 2017 by Abdo Consulting Group, Inc. International copyrights reserved in all countries. No part of this book may be reproduced in any form without written permission from the publisher.

Printed in the United States of America, North Mankato, Minnesota.

102016

012017

THIS BOOK CONTAINS
RECYCLED MATERIALS

Spanish Translator: Maria Puchol

Photo Credits: AP Images, iStock, Shutterstock

Production Contributors: Teddy Borth, Jennie Forsberg, Grace Hansen

Design Contributors: Laura Mitchell, Dorothy Toth

Publisher's Cataloging-in-Publication Data

Names: Hansen, Grace, author.

Title: Desiertos / by Grace Hansen.

Other titles: Desert biome. Spanish

Description: Minneapolis, MN : Abdo Kids, 2017. | Series: Biomas | Includes
    bibliographical references and index.

Identifiers: LCCN 2016947844 | ISBN 9781624026850 (lib. bdg.) |
    ISBN 9781624029097 (ebook)

Subjects: LCSH: Desert ecology--Juvenile literature. | Spanish language
    materials--Juvenile literature.

Classification: DDC 577.54--dc23

LC record available at http://lccn.loc.gov/2016947844

Contenido

¿Qué es un bioma?

Un bioma es un espacio grande de tierra. Tiene cierto tipo de plantas, animales y **clima**.

desierto

bosque

agua dulce

agua salada

pastizal

tundra

Desiertos

El desierto es el bioma más seco de todos los biomas. Reciben mucha luz del sol. Llueve muy poco.

Hay cuatro tipos principales de desierto. En los desiertos áridos y secos hace calor todo el año. El verano es aún más caluroso y no llueve casi nunca.

9

En los desiertos semiáridos
también hace calor. En
éstos se nota el cambio de
las estaciones. El verano es
caluroso y seco. En el invierno
llueve un poco.

En los desiertos **costeros** llueve un poco más que en los demás. Los veranos son cálidos y los inviernos son frescos. En estos desiertos hay más animales.

13

Los desiertos fríos tienen inviernos fríos y con nieve. Los inviernos son largos y los veranos son cortos. La mayoría del año es seco y fresco.

Plantas

Las plantas de los desiertos son especiales. El cactus es típico del desierto. Guarda agua en los tallos y en las hojas. Como están cubiertos de cera, el agua no **sale** de la planta.

17

Animales

Sólo algunos animales pueden vivir en el desierto. Algunos **reptiles**, como los lagartos y las serpientes, viven en el desierto. También hay roedores en el desierto. Excavan huecos para mantenerse frescos.

En los desiertos casi no viven **mamíferos** grandes. Sin embargo, los camellos se han **adaptado** a la vida en el desierto. Pueden pasar mucho tiempo sin comer ni beber. Guardan grasa en la joroba y agua en el estómago.

21

Cosas típicas de un desierto

animales

correcaminos

lagarto cornudo

tarántula

plantas

cactus de barril

margarita del desierto

nopal

22

Glosario

adaptarse – cambiar algo para que sea más fácil vivir en un lugar.

clima – condiciones meteorológicas normales de una zona durante largos períodos de tiempo.

costero – tierra cercana a la orilla del océano.

mamífero – animal que generalmente tiene la piel cubierta de pelo; las hembras producen leche para alimentar a sus crías.

reptil – animal de sangre fría con escamas; sus crías nacen de huevos.

salir – escapar de algún sitio.

Índice

abdokids.com

¡Usa este código para entrar en abdokids.com y tener acceso a juegos, arte, videos y mucho más!

Código Abdo Kids:
BDK5000